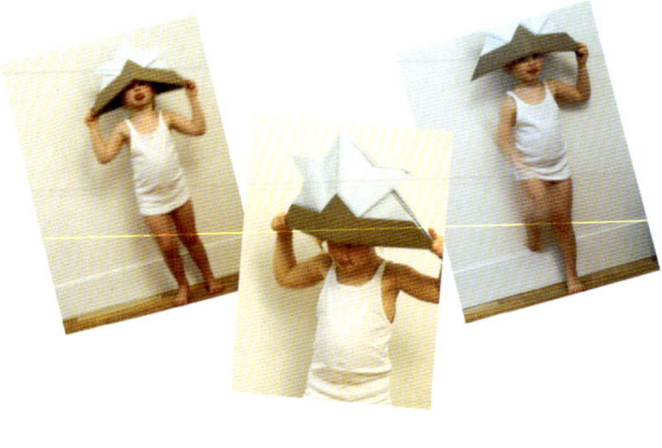

Sophie Glasser et Marie François
Photographies de Hiroko Mori

ORIGAMI

Marabout

l'antilope pliage pages 28-29

le lys

pliage pages 30-31

la cocotte pliage page 32

le chapeau pliage page 33

l'étoile à huit branches

pliage page 34

le cube

pliage page 35

la pochette pour CD

pliage page 36

le vide-poches pliage page 37

la corbeille

pliage page 38

le moulin pliage page 39

la grue

pliage pages 40-41

le papillon pliage page 42

le singe

pliage page 43

l'œillet pliage page 44

le lotus

pliage page 45

la pochette pour gourmands

pliage page 46

le gobelet pliage page 47

l'étui à couverts

pliage page 48

le bateau

pliage page 49

le cube étoilé pliage pages 50-51

le paon

pliage pages 52-53

le poisson pliage page 54

la petite étoile

pliage page 55

LES PLIAGES

Concentration et patience, mais surtout détente et relaxation : tels sont les maîtres mots de l'art ancestral de plier le papier. Avec un peu de persévérance et beaucoup de plaisir, l'origami (du japonais *oru*, « plier », et *kami*, qui signifie « papier ») peut devenir pour celui qui le pratique un véritable yoga mental.

QUELQUES GRAMMES DE BONHEUR...

Modèles traditionnels ou créations plus modernes, nous vous proposons ici des objets pratiques et utiles ou tout simplement décoratifs, dont vous pourrez égayer votre intérieur, décorer vos tables lors d'un dîner ou d'un goûter d'enfant ou bien offrir à vos amis... Hiroko, notre très talentueuse photographe, nous racontait que, au Japon, lorsqu'elle était écolière et qu'une camarade de classe était malade, toutes les élèves confectionnaient « mille grues » pour lui porter chance et favoriser sa guérison. Nous espérons à notre tour que les pliages de cet ouvrage vous apporteront quelques instants de bonheur, et surtout la satisfaction de créer ! Avant de vous lancer dans leur réalisation, suivez nos quelques conseils.

COLLECTIONNEZ LES PAPIERS

Papier de soie, papier cristal, papier-calque, Ingres, Velin, somptueux papiers « spécial origami » (que vous trouverez dans les boutiques de produits japonais), papiers unis ou à motifs... Les magasins et rayons spécialisés regorgent de papiers qui existent en de multiples coloris et de nombreuses épaisseurs. Mais pensez aussi au papier cadeau (son épaisseur est idéale), aux emballages de toutes sortes et même aux pages de vos journaux et magazines qui vous permettront de créer des associations et des motifs originaux. Pour chacun des modèles proposés dans cet ouvrage, nous vous précisons quelles sortes de papiers utiliser ; des indications qui ont leur importance car l'épaisseur de papier, et donc la facilité ou la difficulté à le plier et à marquer des plis nets est primordiale.

INSTALLEZ-VOUS CONFORTABLEMENT

Le seul outil indispensable : un plioir. En os ou... en plastique, aux arêtes douces et arrondies, il vous servira à bien marquer les plis et les pointes sans abîmer le papier comme le fairait un objet non prévu pour cet usage, comme des ciseaux ou un couteau. Travaillez sur une surface propre, plate et lisse.

l'antilope

Papier : fin ou semi-épais
Taille du modèle présenté : 15 x 6 cm
Format du papier : carré de 15 cm de côté

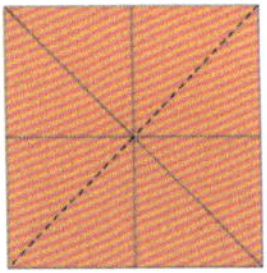

1 Marquer les médianes et les diagonales, puis plier vers l'arrière suivant la diagonale indiquée.

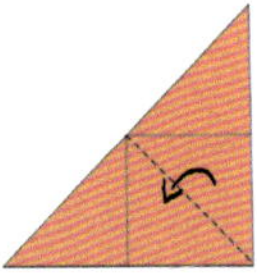

2 Marquer le pli suivant les pointillés et déplier.

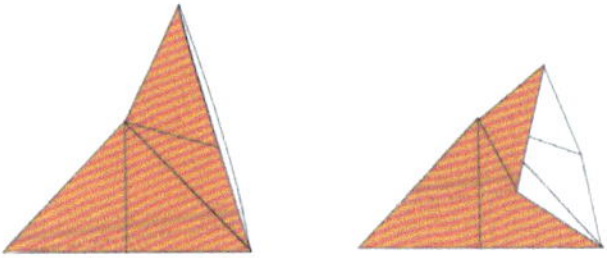

3, 4 Redresser la pointe du haut, l'ouvrir en s'aidant des plis marqués.

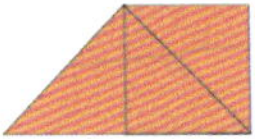

5 Aplatir et bien marquer les plis.

6 et 7 Retourner la figure et répéter les étapes 3 à 5 avec la pointe ainsi formée. Bien marquer les plis.

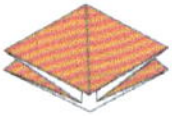

8 Tourner la figure à 45 °.

9 et 10 Plier les feuilles de dessus suivant les pointillés.

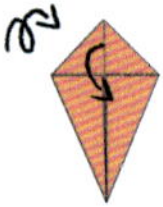

11 Tourner le pliage. Plier les 2 côtés et rabattre la pointe.

12 Déplier la pointe et les côtés du triangle.

13 Déplier la première pointe du bas vers le haut, suivant les pointillés.

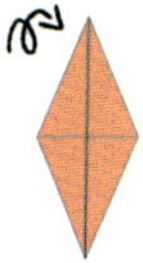

14 Retourner la figure et répéter les étapes 11, 12 et 13.

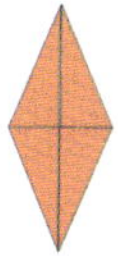

15 Tourner la figure de 180 °. Les pointes ouvertes se retrouvent en haut.

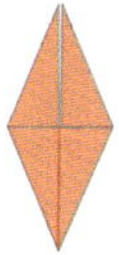

16 Avec des ciseaux, couper les pointes de devant et de derrière suivant le trait rouge pour former les pattes.

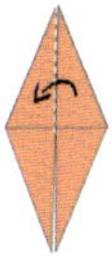

17 Rabattre le côté droit sur le côté gauche.

18 Plier la pointe du haut selon les pointillés.

19 et 20 Plier la pointe du bas vers le haut suivant les pointillés sans aplatir, puis rabattre le côté gauche sur le côté droit et aplatir.

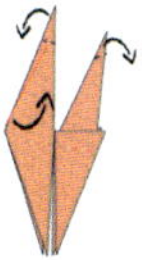

21 Marquer les plis et couper avec des ciseaux suivant le trait rouge. Plier la tête selon les pointillés, bien marquer le pli et déplier. Faire ressortir les cornes vers le haut en inversant le pli de la tête pour la faire pivoter vers le bas. Bien aplatir. Répéter la manipulation avec la pointe droite pour former la queue.

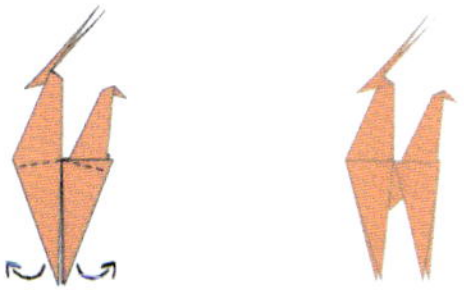

22 et 23 Pincer les 2 pattes arrière ensemble, tirer légèrement vers l'arrière et appuyer les plis ainsi formés au niveau des pointillés. Répéter éventuellement l'opération avec les pattes avant pour donner une meilleure stabilité.

le lys

Papier : fin ou très fin
Taille du modèle présenté : 2 x 8 cm
Format du papier : carré de 10 cm de côté

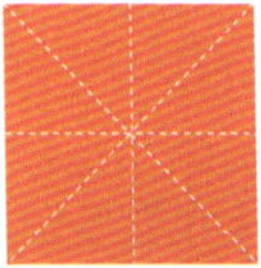

1 Plier selon les pointillés et déplier.

2 Plier en diagonale.

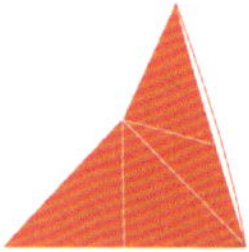

3 Dresser la pointe du haut à la verticale.

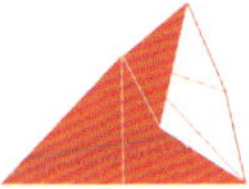

4 Ouvrir la pointe en s'aidant des plis marqués.

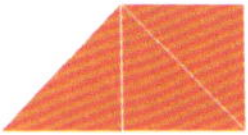

5 Aplatir et bien marquer le pli, puis plier selon les pointillés.

6 Répéter les étapes 3 à 5 avec la pointe gauche en rabattant l'angle supérieur droit.

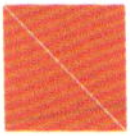

7 Bien marquer les plis et tourner la figure de telle sorte que l'ouverture se trouve vers le haut.

8 Plier selon les pointillés, déplier.

9 Dresser à la perpendiculaire le triangle supérieur de droite, l'ouvrir et l'aplatir. Bien marquer les plis.

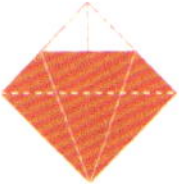

10 Plier puis déplier selon les pointillés.

11 et 12 Plier selon les pointillés et bien marquer les plis.

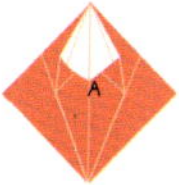

13 Déplier et ouvrir en tirant et en rabattant le point A vers le bas. Bien marquer les plis. Plier suivant les pointillés.

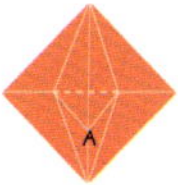

14 Plier et rabattre la pointe A vers le haut selon les pointillés.

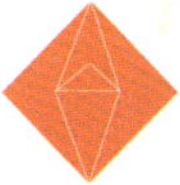

15 Rabattre l'aile gauche du losange vers la droite suivant les pointillés.

16 Redresser à la perpendiculaire le triangle du dessus de gauche et répéter les étapes 9 à 16.

17 Retourner le pliage et répéter les étapes 8 à 16 avec les ailes gauche et droite. Rabattre la dernière aile gauche sur la droite.

18 Plier les 2 ailes du premier losange en suivant les pointillés. Rabattre l'aile droite sur la gauche. Rabattre de nouveau l'aile droite sur l'aile gauche et ainsi de suite jusqu'à la dernière aile. Répéter le pliage 18.

19, 20 et 21 Plier chaque pointe selon les pointillés et les positionner à la verticale.

la cocotte

Papier : fin à épais
Taille du modèle présenté : 10 x 11 cm
Format du papier : carré de 15 cm de côté

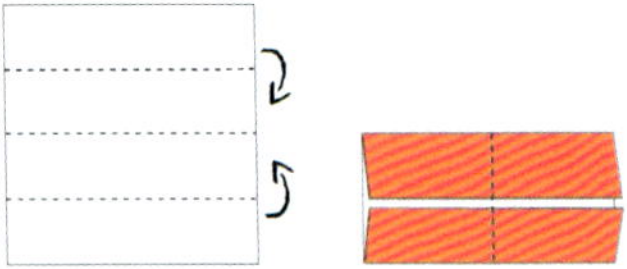

1 et 2 Plier la feuille en 2 puis déplier. Plier les 2 moitiés selon les pointillés et bien aplatir.

3 et 4 Plier suivant les pointillés et bien aplatir.

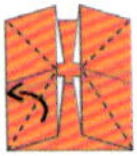

5 Plier chaque pointe selon les pointillés.

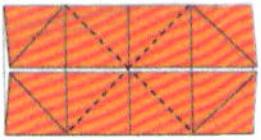

6 Déplier pour retrouver la bande de l'étape 3, puis plier suivant les pointillés et déplier les diagonales.

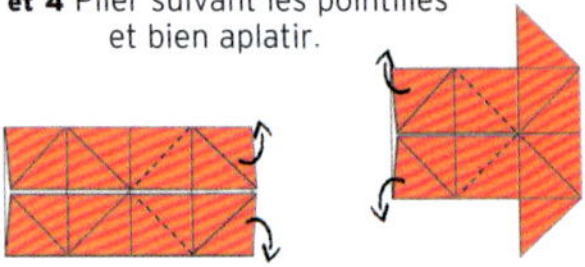

7 et 8 Ouvrir le côté droit du pliage, le rabattre en s'aidant des plis indiqués par les pointillés et bien aplatir. Répéter l'opération avec le côté gauche et bien aplatir.

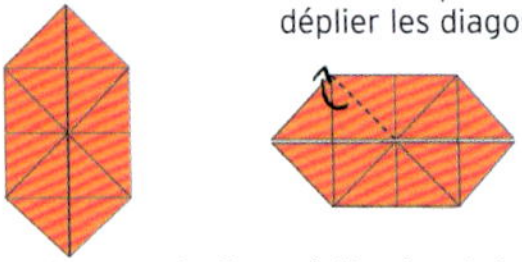

9 et 10 Tourner la figure à l'horizontale et plier selon les pointillés.

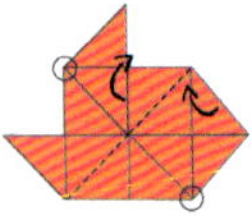

11 Saisir la figure aux endroits indiqués par les cercles et plier vers l'arrière selon les pointillés.

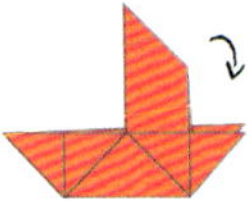

12 Tourner la figure vers la droite.

13 et 14 Ouvrir le pliage en gardant la pointe supérieure vers le haut et inverser le pli indiqué par les pointillés puis refermer le pliage et bien marquer les plis.

le chapeau

Papier : semi-épais à épais
Taille du modèle présenté : 52,5 x 26 cm
Format du papier : carré de 86 cm de côté

1 Plier le carré en suivant les pointillés.

2 Plier en diagonale suivant les pointillés.

3 Rabattre les pointes droite et gauche.

4 Plier en suivant les pointillés, déplier. Les pointes du bas de la feuille du dessus doivent se trouver vers le haut.

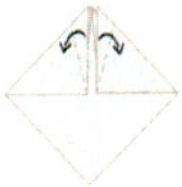

5 Plier et rabattre les pointes du haut en suivant les pointillés.

6 Plier la première feuille de la pointe du bas selon les pointillés.

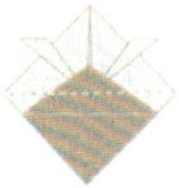

7 Plier de nouveau la première feuille selon les pointillés pour former un ourlet.

8 et 9 Rabattre la seconde feuille en la pliant vers l'arrière en suivant les pointillés.

l'étoile à huit branches

Papier : fin
Taille du modèle présenté : 11 x 11 cm
Format du papier : carré de 15 cm de côté

1 et 2 Plier selon les pointillés et déplier.

3 Plier selon les pointillés.

4 Plier selon les pointillés.

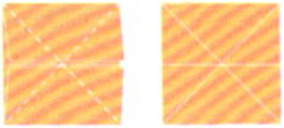

5 et 6 Plier selon les pointillés et déplier.

7 Déplier le haut et le bas, tirer en écartant vers l'extérieur les pointes A et B.

8 Aplatir et bien marquer les plis. Répéter l'opération avec les pointes D et C. Bien marquer tous les plis.

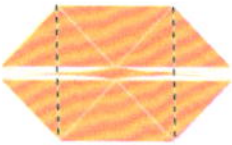

9 Plier selon les pointillés.

10 Lever la pointe en haut à droite à la verticale, l'ouvrir et l'aplatir afin de former un petit carré. Répéter l'opération avec chacune des pointes.

11 Plier la feuille supérieure de chaque petit carré suivant les pointillés.

12 et 13 Rabattre les 4 angles vers l'arrière en suivant les pointillés. Bien marquer les plis.

14 et 15 Tirer et lever à la verticale la première feuille des pointes du centre. Aplatir, bien marquer les plis et ouvrir les pétales. La première étoile est terminée.

16 et 17 Réaliser une seconde étoile et imbriquer une étoile côté recto dans une étoile côté verso (ci-dessus).

le cube

Papier : fin ou très fin (bien que très fragile, le papier de soie est parfait)
Taille du modèle présenté : 4 cm
Format du papier : carré de 15 cm de côté

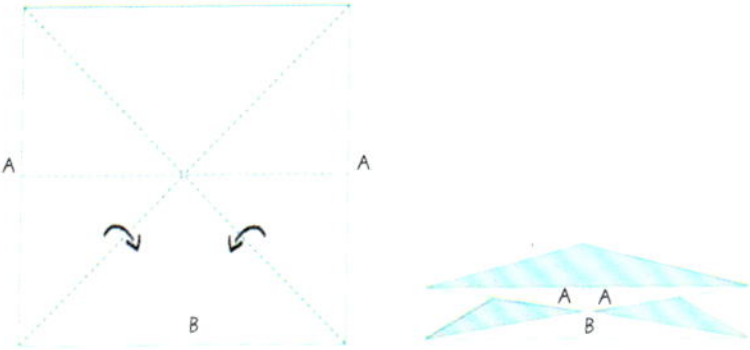

1 et 2 Plier selon les pointillés, les diagonales vers l'intérieur, la médiane vers l'arrière, en marquant bien les plis. Rabattre les 2 points A sur le point B.

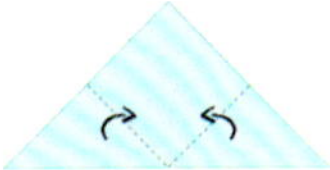

3 et 4 Plier selon les pointillés les 2 angles de la première feuille.

5 Retourner la figure et répéter les étapes 3 et 4.

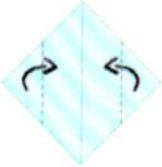

6 Plier selon les pointillés les 2 pointes des côtés de la première feuille.

7 Plier selon les pointillés les 2 pointes du haut de la première feuille.

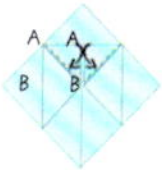

8 Plier suivant les pointillés puis déplier et faire rentrer les 2 pointes A entre les 2 feuilles des triangles B.

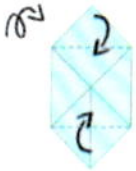

9 Retourner la figure et répéter les étapes 6 à 8, puis plier selon les pointillés.

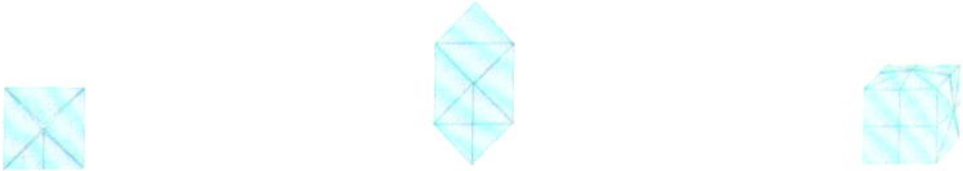

10, 11 et 12 Déplier et écarter les 4 arêtes du carré. Les maintenir en soufflant dans la petite ouverture pour que le cube prenne forme.

la pochette pour CD

Papier : épais
Taille du modèle présenté : 12,5 cm
Format du papier : carré de 37 cm de côté

1 et 2 Plier et déplier selon les pointillés.

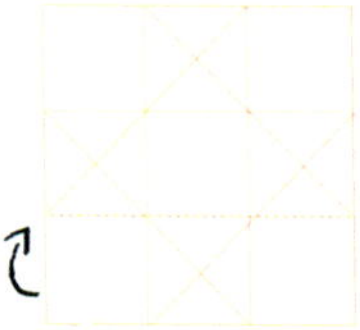

3 Plier suivant les pointillés.

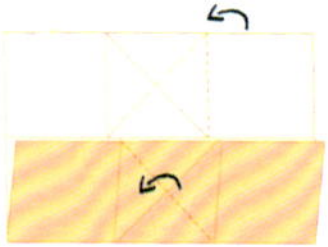

4 Plier le volet inférieur selon les pointillés tout en rabattant le côté droit de la figure selon les pointillés vers le centre.

5 Plier le volet supérieur selon les pointillés tout en ouvrant le côté droit de la figure selon les pointillés.

6 Plier la première feuille suivant les pointillés.

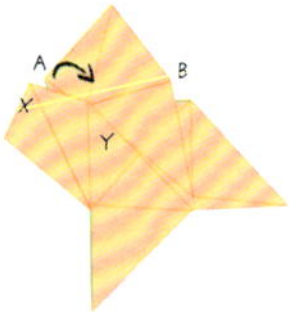

7 Tout en tirant la pointe X vers l'extérieur, ramener le point A sur le point B en le passant sous la feuille Y.

8 et 9 Pour refermer le pliage, plier suivant les pointillés une pointe après l'autre et glisser la dernière sous la première.

le vide-poches

Papier : papier semi-épais ou épais
Taille du modèle présenté : 24 x 18 cm
Format du papier : carré de 49 cm de côté

1 Plier selon les pointillés et déplier.

2 Plier le quart supérieur vers le bas, puis replier vers le haut selon les pointillés.

3 Plier selon les pointillés, déplier et rabattre en accordéon.

4 Rabattre derrière selon les pointillés et retourner la figure.

5 Plier selon les pointillés les 2 côtés et les rabattre vers l'arrière.

6 Plier les 4 angles selon les pointillés.

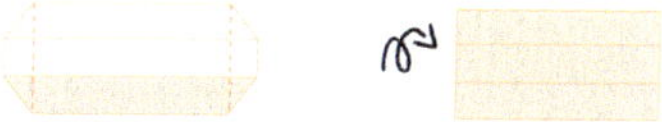

7 et 8 Plier les côtés selon les pointillés et retourner la figure.

la corbeille

Papier : fin ou semi-épais
Taille du modèle présenté : 10 x 10 cm
Format du papier : rectangle de 45 x 36 cm

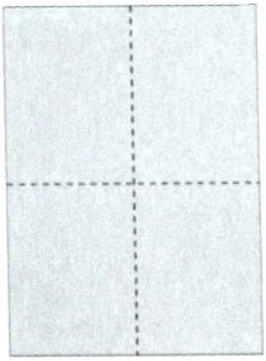

1 Plier la feuille en 4 selon les pointillés. Déplier.

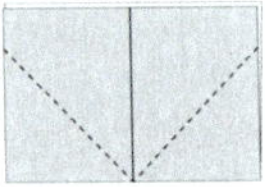

2 Plier les angles du bas sur la médiane selon les pointillés.

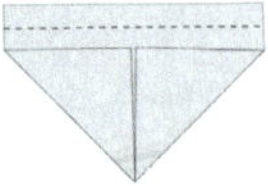

3 Plier la feuille du dessus selon les pointillés.

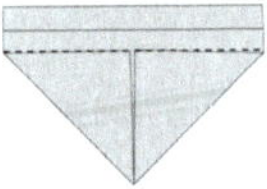

4 Plier une nouvelle fois la même feuille selon les pointillés pour former un ourlet.

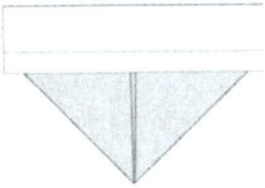

5 Retourner la figure.

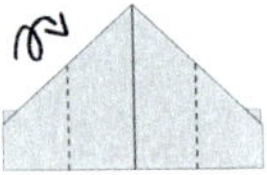

6 Plier les 2 côtés selon les pointillés.

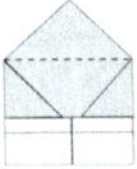

7 Plier la pointe selon les pointillés.

8 Plier selon les pointillés, bien marquer le pli et déplier.

9 Plier en suivant les pointillés et introduire la bande A sous l'ourlet.

10 En maintenant les 2 côtés, ouvrir la figure par le bas à l'endroit indiqué par le cercle.

11 Plier les pointes des 2 côtés selon les pointillés et les glisser sous les ourlets.

12 et 13 Ouvrir en maintenant les 2 côtés aux endroits indiqués par les cercles. Bien marquer les plis des arêtes.

le moulin

Papier : très fin à semi-épais
Taille du modèle présenté : 6,5 cm
Format du papier : carré de 6,5 cm de côté

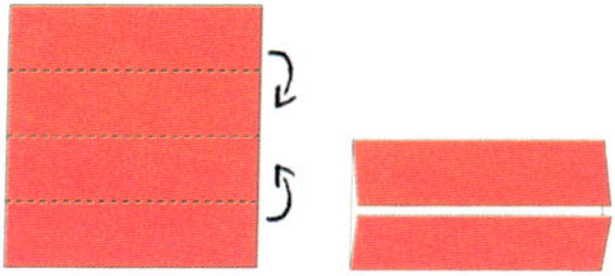

1 et 2 Plier la feuille en 2 puis déplier. Plier les deux moitiés selon les pointillés et bien aplatir.

3 et 4 Plier selon les pointillés et bien aplatir.

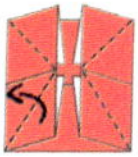

5 Plier et déplier selon les pointillés.

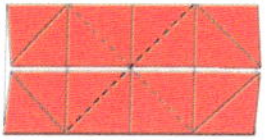

6 Déplier partiellement la figure pour retrouver la bande de l'étape 3, puis plier selon les pointillés et déplier les diagonales l'une après l'autre.

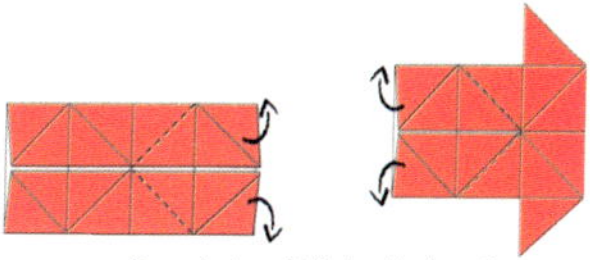

7 et 8 Ouvrir le côté droit du pliage, le rabattre en s'aidant des plis indiqués par les pointillés et bien aplatir. Répéter l'opération avec le côté gauche et bien aplatir.

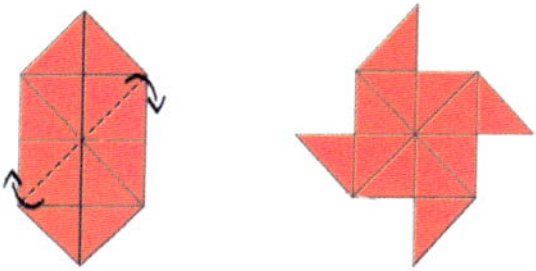

9 et 10 Rabattre la pointe en haut à droite et la pointe en bas à gauche suivant les pointillés. Coller le pliage sur une petite baguette ou sur une pique pour apéritif.

la grue

Papier : fin ou très fin
Taille du modèle présenté : 9 x 8 cm
Format du papier : carré de 15 cm de côté

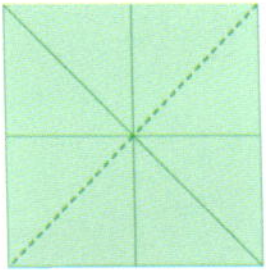

1 Marquer les médianes et les diagonales, puis plier vers l'arrière suivant la diagonale indiquée.

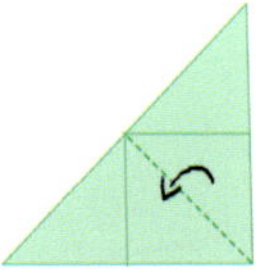

2 Marquer le pli suivant les pointillés et déplier.

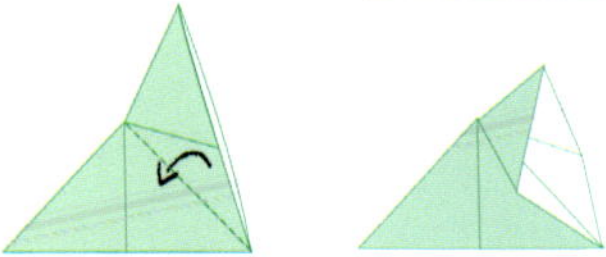

3 et 4 Redresser la pointe du haut, l'ouvrir en s'aidant des plis marqués.

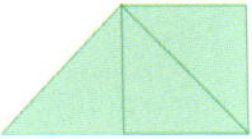

5 Aplatir et bien marquer les plis.

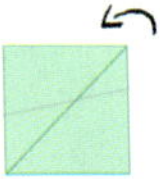

6 et 7 Retourner la figure et répéter les étapes 3 à 5 avec la pointe ainsi formée. Bien marquer les plis.

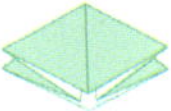

8 Tourner la figure à 45 °.

9 et 10 Plier les feuilles de dessus suivant les pointillés.

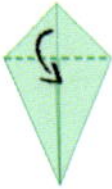

11 Tourner le pliage. Plier les deux côtés et rabattre la pointe.

12 Déplier la pointe et les côtés du triangle.

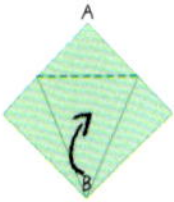

13 Déplier la première pointe du bas vers le haut, suivant les pointillés.

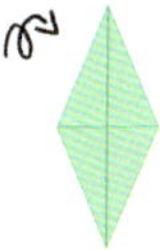

14 Retourner la figure et répéter les étapes 11, 12 et 13.

15 Tenir la figure les pointes ouvertes vers le bas.

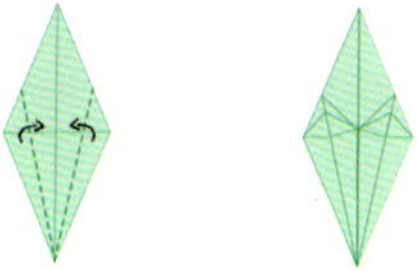

16 et 17 Plier les 2 côtés de la première feuille selon les pointillés.

18 Tourner la figure. Répéter les étapes 16 et 17, puis déplier. Plier selon les pointillés en marquant bien les plis.

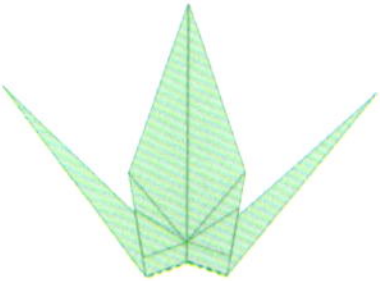

19 Ouvrir chaque côté et inverser les plis indiqués par les pointillés pour faire remonter la pointe et la glisser à l'intérieur puis aplatir.

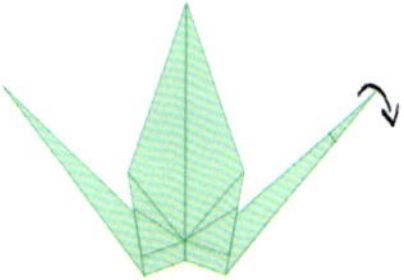

20 Plier selon les pointillés puis déplier.

21 Inverser le pli pour faire sortir la tête.

22 Écarter doucement les ailes du corps et les rouler à l'aide d'un crayon pour les arrondir.

le papillon

Papier : fin ou semi-épais, de couleurs différentes au recto et au verso
Taille du modèle présenté : 13 x 6,5 cm
Format du papier : carré de 13 cm de côté

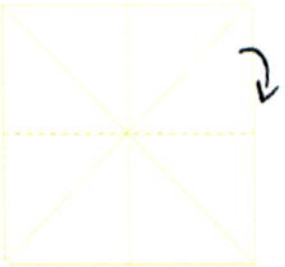

1 Plier selon les pointillés.

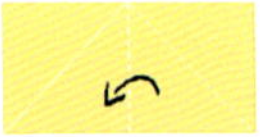

2 Plier selon les pointillés et déplier.

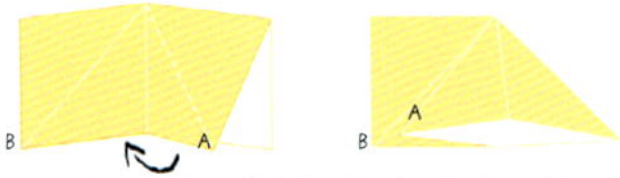

3 et 4 Ouvrir le côté droit et rabattre l'angle A sur l'angle B en s'aidant du pli indiqué par les pointillés.

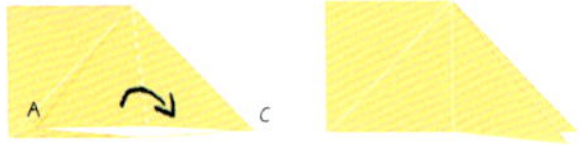

5 et 6 Plier selon les pointillés pour rabattre la pointe A sur la pointe C.

7 et 8 Retourner la figure et répéter les étapes 3 à 6.

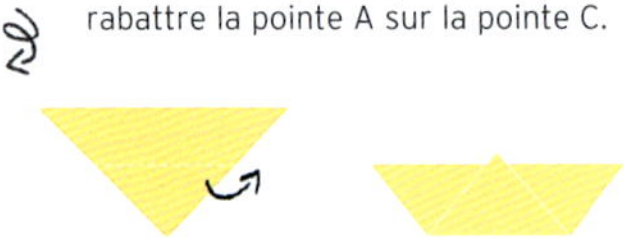

9 et 10 Retourner la figure pointe vers le bas et plier selon les pointillés.

11 et 12 Retourner la figure et ouvrir le pliage en tirant la première feuille vers le bas.

13 Bien aplatir puis plier selon les pointillés.

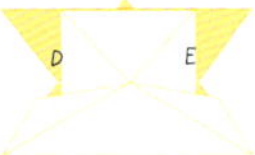

14 Tout en maintenant les nouveaux plis, tirer vers le haut au niveau des points D et E pour les amener de chaque côté de la pointe du haut, puis aplatir.

15 Couper avec des ciseaux le long du trait rouge et plier selon les pointillés.

16 Rabattre les pointes des ailes selon les pointillés.

le singe

Papier : fin
Taille du modèle présenté : 3,5 x 6 cm
Format du papier : carré de 15 cm de côté coupé dans la diagonale pour obtenir un triangle

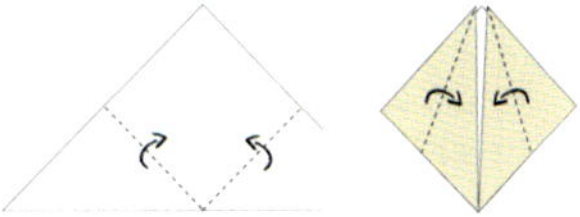

1 et 2 Plier selon les pointillés et déplier.

3 et 4 Ouvrir les 2 derniers plis et les inverser selon les pointillés pour faire rentrer les 2 pointes à l'intérieur, puis refermer le pliage.

5 Plier selon les pointillés vers l'arrière.

6 Plier la pointe de la feuille du dessus selon les pointillés.

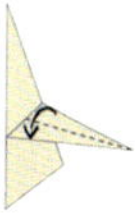

7 Plier selon les pointillés.

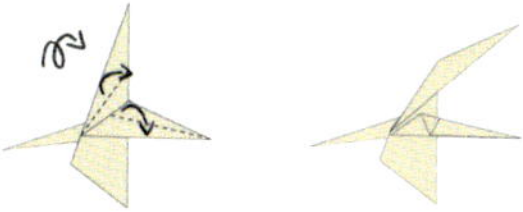

8 et 9 Retourner la figure puis plier selon les pointillés pour former le second bras et la tête.

10 Déplier et ouvrir la tête et rabattre la pointe vers l'intérieur selon les pointillés.

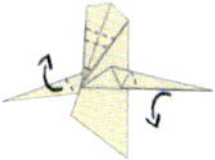

11 Plier selon les pointillés pour donner du relief à la tête et au bras.

12 Pour former les pattes, plier selon les pointillés, déplier, ouvrir le bas pour rentrer la pointe à l'intérieur en inversant les plis.

13 Rabattre l'extrémité des bras pour former les mains.

l'œillet

Papier : fin à semi-épais
Taille du modèle présenté : 10 cm de diamètre
Format du papier : 10 carrés de 10 cm de côté

1 Plier suivant les pointillés et déplier.

2 Plier selon les pointillés.

3 Plier selon les pointillés. bien marquer les plis.

4 et 5 Ouvrir et déplier la partie inférieure du pliage.

6 Faire rentrer les petits triangles des côtés à l'intérieur du pliage en s'aidant des plis.

7 Répéter l'opération avec la partie supérieure du pliage.

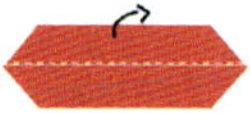

8 Plier selon les pointillés vers l'arrière.

9 Plier selon les pointillés et déplier.

10 et 11 Répéter le pliage avec chacun des 9 autres carrés. Les attacher ensemble avec un fin ruban ou du fil de couture pour former l'œillet.

le lotus

Papier : très souple ou tissu (organdi)
Taille du modèle présenté : 8,5 x 8,5 cm
Format du papier : carré de 21 cm de côté

1 Plier suivant les pointillés en marquant bien les plis et déplier.

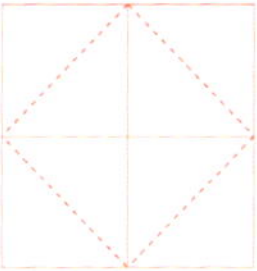

2 Plier en suivant les pointillés et bien marquer les plis.

3 Plier suivant les pointillés, pour rabattre les angles.

4 Retourner la figure et plier suivant les pointillés pour rabattre les angles au centre.

5 Saisir les pointes du dessous, une à une, et les tirer délicatement vers le haut pour former les premiers pétales.

6 et 7 Répéter la même opération avec les pointes du verso de la figure pour former la fleur.

la pochette pour gourmands

Papier : épais
Taille du modèle présenté : 18 x 9,5 cm
Format du papier : 38 x 36 cm (2 feuilles)

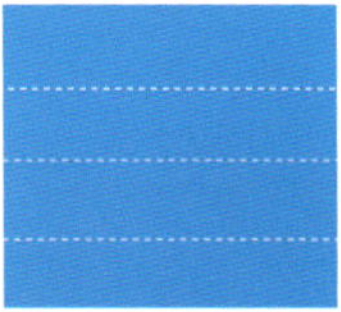

1 Plier la feuille en 2 selon les pointillés indiquant la médiane, déplier puis plier chaque moitié selon les pointillés.

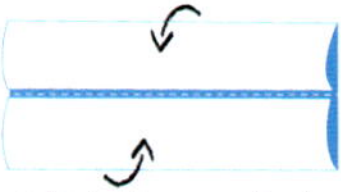

2 Rabattre en pliant selon les pointillés.

3 Plier selon les pointillés en rabattant vers l'arrière.

4 Rabattre la partie de droite selon les pointillés vers le bas.

5 Plier la partie A selon les pointillés en rabattant vers l'arrière.

6 Plier selon les pointillés.

7 Plier selon les pointillés.

8 Insérer la pointe du haut dans l'angle du bas.

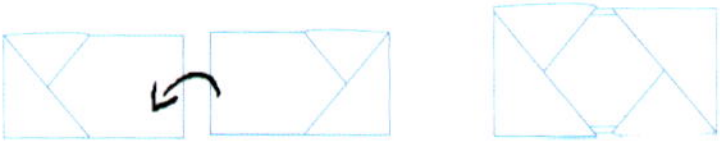

9 et 10 Répéter le même pliage avec la seconde feuille et insérer les pliages l'un dans l'autre.

le gobelet

Papier : kraft
Taille du modèle présenté : 12,5 x 10 cm
Format du papier : carré de 21 cm de côté

1 Plier selon les pointillés.

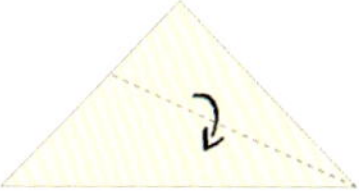

2 Plier selon les pointillés et déplier.

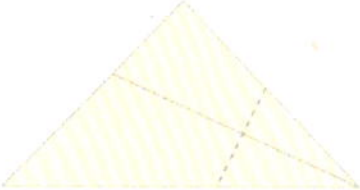

3 Plier selon les pointillés.

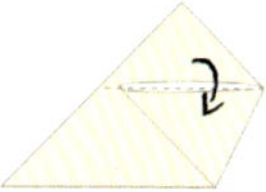

4 Plier les pointes selon les pointillés et déplier.

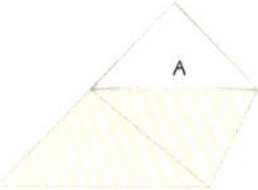

5 Insérer la première pointe dans la fente A.

6 Retourner la figure. Plier selon les pointillés.

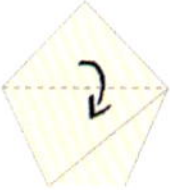

7 et 8 Plier selon les pointillés et insérer la pointe dans la fente.

l'étui à couverts

Papier : fin à semi-épais, de différentes couleurs au recto et au verso
Taille du modèle présenté : 7,5 x 17 cm
Format du papier : carré de 24 cm de côté

1 Plier selon
les pointillés.

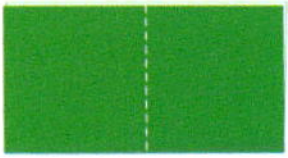

2 Plier selon
les pointillés.

3 Plier la première feuille
de l'angle supérieur droit
selon les pointillés.

4 Plier et rabattre
la seconde feuille
selon les pointillés.

5 Plier et rabattre
la troisième feuille
selon les pointillés.

6 et 7 Plier et rabattre les côtés
vers l'arrière selon les pointillés.

le bateau

Papier : fin à épais
Taille du modèle présenté : 11 x 5 cm
Format du papier : 12 x 15 cm

1 Plier selon les pointillés.

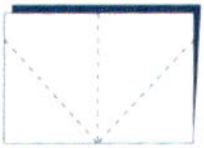

2 Plier en 2 selon les pointillés et déplier. Plier les 2 angles du bas suivant les pointillés.

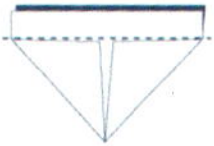

3 Plier la première feuille selon les pointillés.

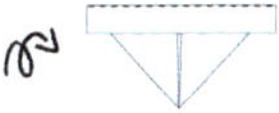

4 Retourner la figure et rabattre le second rebord.

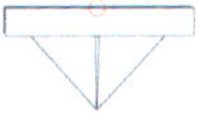

5 Ouvrir la figure au niveau du cercle et bien l'aplatir.

6 Plier la pointe du bas selon les pointillés au recto et au verso.

7 Ouvrir la figure au niveau du cercle et l'aplatir.

8 Plier selon les pointillés, bien marquer le pli, déplier puis ouvrir la figure au niveau des cercles.

9 Donner du volume à la coque et à la voile en s'aidant des plis.

le cube étoilé

Papier : fin
Taille du modèle présenté : cube de 7,5 cm de côté
Format du papier : carré de 16 cm de côté

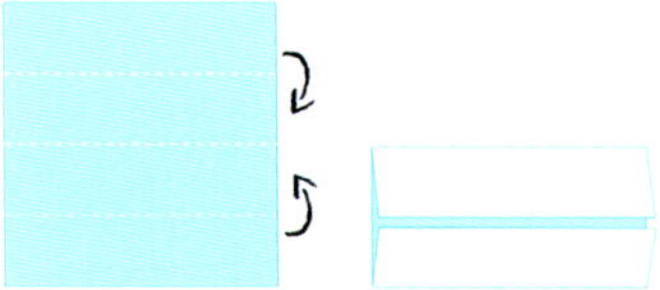

1 et 2 Plier la feuille en 2 en suivant les pointillés, déplier puis plier chaque moitié en 2 et bien aplatir la figure.

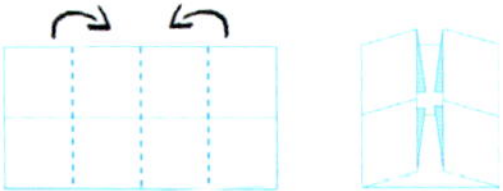

3 et 4 Plier suivant les pointillés et bien aplatir la figure.

5 Plier et déplier chaque pointe suivant les pointillés.

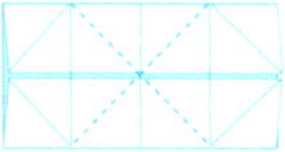

6 Déplier la figure pour retrouver la bande de l'étape 3, puis plier suivant les pointillés, une diagonale après l'autre, et redéplier.

7 Ouvrir le côté droit selon les pointillés et aplatir.

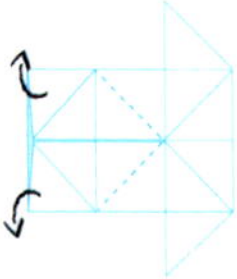

8 Répéter avec le côté gauche et aplatir.

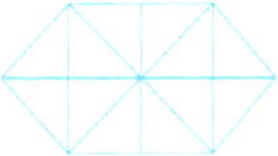

9 Tourner la figure à l'horizontale.

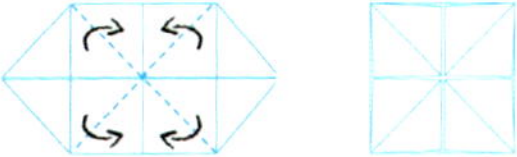

10 et 11 Plier selon les pointillés, déplier et ouvrir les pointes afin de rabattre l'extrémité de chaque pointe au centre.

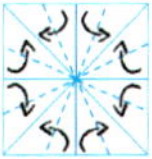

12 Plier suivant les pointillés.

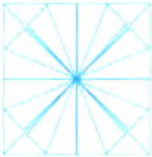

13 Bien aplatir.

14 Déplier les derniers plis pour les ouvrir et les aplatir sur eux-mêmes.

15 et 16 Plier les 4 angles selon les pointillés vers l'arrière. Coller une gommette ronde au centre de l'étoile pour bien la « finir ». Pour confectionner le cube, réaliser 6 étoiles et les coller bords à bords.

le paon

Papier : fin, 3 couleurs différentes
Taille du modèle présenté : 20 x 10 cm
Format du papier : carré de 9,5 cm de côté pour le corps ;
carré de 21 cm de côté pour la queue ;
carré de 2 cm de côté pour la couronne

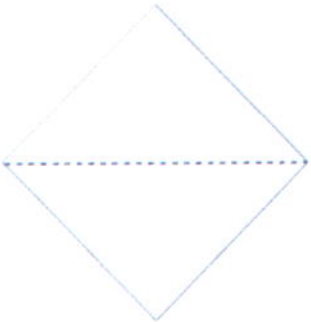

1 Plier la feuille pour le corps selon les pointillés et déplier.

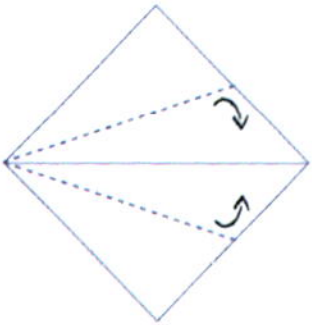

2 Plier selon les pointillés et bien marquer les plis.

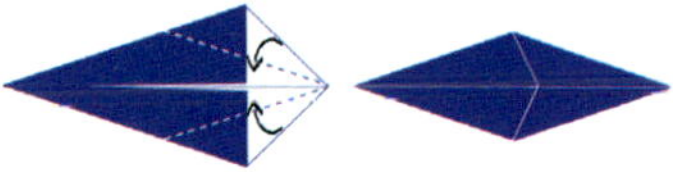

3 et 4 Plier selon les pointillés et bien marquer les plis.

5 Retourner la figure et plier selon les pointillés.

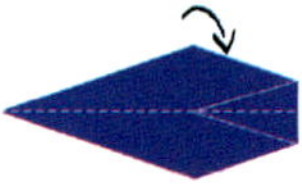

6 Plier selon les pointillés.

7 et 8 Redresser la pointe selon les pointillés.

9, 10 et 11 Ouvrir le bas de la figure et inverser le pli indiqué par les pointillés, puis plier l'extrémité de la pointe selon les pointillés pour former la tête.

12 et 13 Pour réaliser la queue, plier la feuille en accordéon selon les pointillés, puis plier la bande en 2 pour former un éventail.

14 et 15 Répéter le même pliage avec la feuille de la couronne.

16 Pour assembler le paon, coincer le corps dans le pli de l'éventail et coller ses deux moitiés, puis coller la couronne sur la tête.

le poisson

Papier : fin
Taille du modèle présenté : 3 x 2,5 cm
Format du papier : carré de 3,5 cm de côté

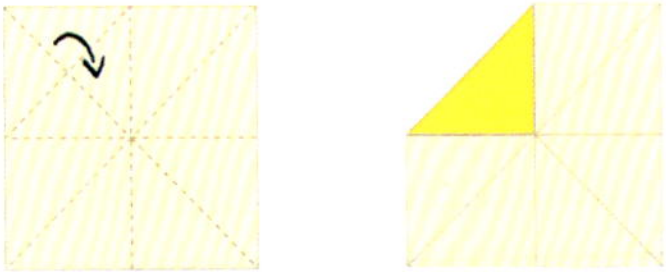

1 et 2 Plier la feuilles selon les pointillés et déplier. Rabattre l'angle supérieur gauche.

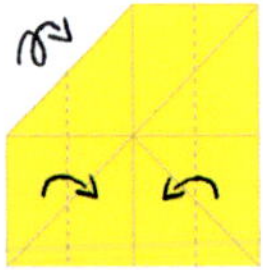

3 Retourner la figure et plier selon les pointillés.

4 Plier selon les pointillés et déplier.

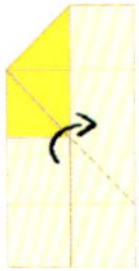

5 Plier selon les pointillés et déplier.

6 Plier suivant les pointillés puis déplier.

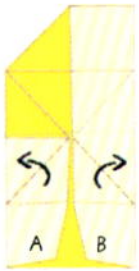

7 Plier suivant les pointillés en écartant les pointes A et B et aplatir.

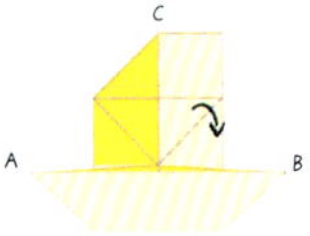

8 Plier suivant les pointillés.

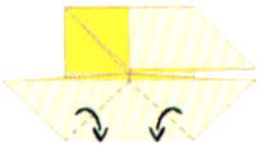

9 Plier selon les pointillés.

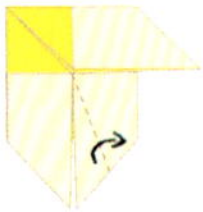

10 Plier selon les pointillés.

11 Retourner la figure.

la petite étoile

Papier : semi-épais
Une seule couleur suffit.
Format du papier : à compléter
Taille du modèle : à compléter

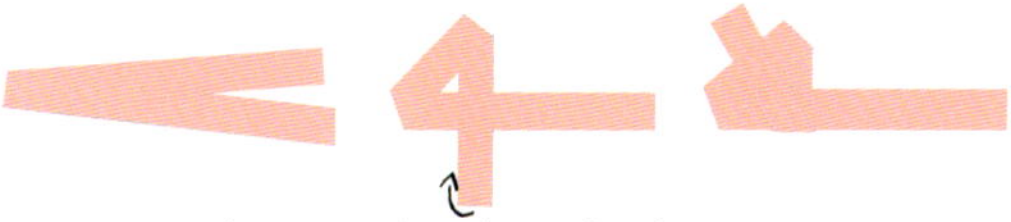

1, 2 et 3 Faire un nœud plat à l'extrémité gauche de la bande.

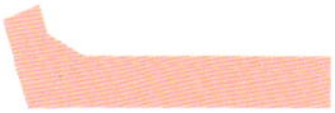

4 Resserrer doucement le nœud en le faisant coulisser pour former un pentagone.

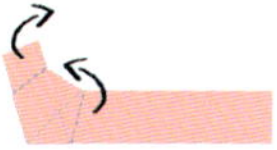

5 Rabattre l'extrémité gauche vers l'arrière selon les pointillés, puis plier la bande selon les pointillés, toujours vers l'arrière.

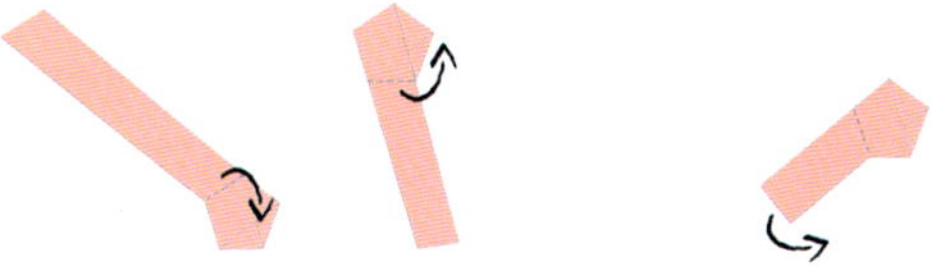

6, 7, 8 et 9 Enrouler la bande en la faisant glisser sous elle-même à chaque passage pour la bloquer.

10 et 11 Glisser l'extrémité de la bande sous le pliage pour le bloquer.

12 et 13 Exercer une légère pression sur les côtés de l'étoile pour lui donner son volume.

Table des matières

Le premier folio renvoie à la photographie des pliages, le second à la page des explications

Remerciements

Un grand merci à Fruitkey et à Charlotte.

Shopping

La Grande Épicerie
www.lagrandeepicerie.fr

Mokuba
www.mokuba.fr

Naomi Ito
www.ficelle.co.jp

Adeline Klam
www.adelineklam.com

Édité par Hachette-Livre (43, quai de Grenelle, Paris Cedex 15)

Imprimé par Impresia-Cayfosa, Espagne
Dépôt légal : juin 2012
ISBN : 978-2-501-07784-2
41-1444-3/02
Mise en pages : Frédéric Voisin

Pour l'éditeur le principe est d'utiliser des papiers composés de fibres naturelles, renouvelables, recyclables et fabriquées à partir de bois issus de forêts qui adoptent un système d'aménagement durable. En outre, l'éditeur attend de ses fournisseurs de papier qu'ils s'inscrivent dans une démarche de certification environnementale reconnue.